Deftige Eintöpfe & Suppen

von unseren Landfrauen

Deftige Eintöpfe & Suppen

von unseren Landfrauen

LV.Buch
Die Begeisterungswerkstatt

Vorwort

Die isst jeder gern: unsere Suppen und Eintöpfe!

Herzhaft und deftig zum richtig Sattessen oder wohltuend kräftig in der kalten Jahreszeit: mit Suppen und Eintöpfen haben wir noch jeden in unseren Familien begeistert. Wenn überraschend Freunde vor der Tür stehen oder zum Mittagessen das Enkelkind gleich mit zwei Schulfreunden am Tisch sitzt: kein Problem! Ein bisschen mehr Wasser zur Suppe, ein wenig mehr Sahne, ein paar Gewürze: schon ist genug für alle da!

Suppen und Eintöpfe lassen sich leicht verlangern, aber auch sehr gut vorbereiten. Bei Eintöpfen gilt sogar: einmal aufgewärmt vom Vortag schmeckt es erst so richtig gut. Wer von vornherein etwas mehr kocht, kann die Suppe oder den Eintopf portionsweise einfrieren und bei Bedarf schonend auftauen.

Was dabei zu beachten ist, welche Suppen sich besonders gut für die größere Runde eignen und mit welcher Beilage es besonders lecker wird, zeigen wir in diesem Buch: mit bewährten Winterrezepten, frischen Gemüsesuppen, vegetarischen Varianten und sogar ein paar süßen Suppen.

Viel Spaß beim Nachkochen wünschen Ihnen

Ihre Uplengener Landfrauen

Der Vorstand
Hanna Korth, Edith Hanken, Frieda Fecht, Gisela de Buhr, Marianne Frieling, Christa Grüßing und Marianne Saathoff

So gelingt es …

Ob als deftiger Eintopf für die ganze Familie, klassische Vorspeise in einem leckeren Menü oder Partysuppe für die große Runde: Suppen sind beliebt! Damit sie richtig lecker werden, hilft es, ein paar Tipps zu beachten. Wir verraten Ihnen, was außer den guten Zutaten beim Suppe- und Eintopfkochen außerdem wichtig ist.

Welche Kartoffeln kommen in die Suppe?

Für Suppe und Eintopf eignen sich festkochende Kartoffeln am besten. Soll die Suppe püriert werden, wie unsere Ostfriesische Kartoffelsuppe (s. S. 38), machen mehligkochende Kartoffeln sie schön sämig. Wenn in den Zutaten zu einem Rezept von „Kartoffeln" die Rede ist, meinen wir festkochende Kartoffeln.

Darf die Suppe richtig kochen?

Nein, Suppen und Eintöpfe sollen nur simmern, also ganz leicht köcheln. So wird alles langsam und gleichmäßig gar. Kocht die Suppe schon sprudelnd, gehen wichtige Geschmacksträger und Inhaltsstoffe verloren.

Wann kommen Kräuter und Gewürze in die Suppe?

Getrocknete Gewürze können schon mit dem Gemüse in die Suppe oder den Eintopf und dürfen sogar mit angebraten werden. Manche entfalten dadurch erst ihr ganzes Aroma. Feste Kräuter wie Rosmarin, Lorbeer oder Thymian können ebenfalls schon von Anfang an mitköcheln. Vor dem Servieren werden diese harten Stiele natürlich entfernt. Frische Kräuter erst gegen Ende der Garzeit oder zum Schluss beim Abschmecken hinzufügen. Dabei gilt die Faustregel: Je zarter die Blättchen, desto später sollten sie in die Suppe kommen. Ein paar über die Suppe gestreute frische Kräuter sehen außerdem gut aus!

Wie lange muss das Fleisch garen?

Als Grundregel kann man sich merken: Knapp zwei Stunden pro Kilo bei Rindfleisch oder Suppenhuhn. Klein geschnitten geht es schneller. Am besten: Immer die Gabelprobe machen und mit einer langzinkigen Gabel in das Fleisch stechen. Bleibt Fleisch an den Zinken hängen, muss es noch weiterköcheln; lässt sich die Gabel nach dem Einstechen leicht wieder herausziehen, ist das Fleisch gar.

Was muss ich beim Einfrieren beachten?

Fast alle Suppen und Eintöpfe lassen sich wunderbar auf Vorrat kochen und einfrieren. So sind sie über mehrere Wochen haltbar. Wichtig: am besten kleine Behältnisse verwenden, weil die Suppe dann schneller runterkühlt und gefriert. Das schont die enthaltenen Mineralstoffe. Übrigens gilt das umgekehrt fürs Auftauen: Hier ist Geduld gefragt, damit die gesunden Inhaltsstoffe erhalten bleiben.

Inhalt

Fleisch & Fisch

Gemüse pur

Sahne satt!

Süss & fruchtig

Fleisch & Fisch

Bunte Linsensuppe

Zutaten

2 gr. Zwiebeln
500 g Rinderhackfleisch
1 EL Olivenöl
1 kl. Sellerieknolle
2 gr. Möhren
1 rote Paprika
2 kl. Zucchini
500 g passierte Tomaten
1 l Tomatensaft
½ l Gemüsebrühe
150 g Linsen
½ TL Chiliflocken

Zubereitung

Zwiebeln schälen, hacken und zusammen mit dem Rinderhackfleisch in Öl anbraten. Sellerie schälen, Möhren, Zucchini und Paprika waschen und den Strunk der Paprika entfernen. Alles in mundgerechte Stücke schneiden, dann zur Zwiebel-Hackmasse geben und weiterhin 5 Minuten braten. Im Anschluss die passierten Tomaten, den Tomatensaft und die Gemüsebrühe hinzufügen und umrühren. Linsen und Chiliflocken in die Gemüsebrühe geben und 30 Minuten köcheln lassen.

Die Suppe enthält nur pflanzliche Kohlenhydrate, sie eignet sich gut für Eiweiß-Diäten.

4–6 Personen

Muttis Eintopf

Zutaten

250 g geräucherten, durchwachsenen, mageren Speck

2 EL Olivenöl

250 g Zwiebeln

250 g Sellerie

250 g Möhren

250 g Kohlrabi

500 g Kartoffeln

Wasser nach Bedarf

Salz

frische Petersilie

Zubereitung

Den Speck in Würfel schneiden und in dem Öl anbraten. Das Gemüse waschen, schälen und klein schneiden, die Kartoffeln schälen, würfeln und dazugeben. Den Deckel auflegen und bei niedriger Hitze köcheln lassen. In der Regel bildet sich so genügend Kondenswasser, ansonsten ein wenig Wasser hinzugeben. Ca. 45 Minuten garen, mit Salz würzen und nach Belieben mit frischer Petersilie bestreuen.

4 Personen

Balkansuppe

Zutaten

1 kg gemischtes Hackfleisch

2 EL Öl

Salz

Pfeffer

2 l Wasser

2 Tomatencreme-suppen (Tüte)

800 g Buttergemüse

1 Stange Porree

400 g Kräuter-schmelzkäse

200 g Schmand

Zubereitung

Das Hackfleisch in heißem Öl anbraten und mit Salz und Pfeffer abschmecken, mit dem Wasser ablöschen. Die Tomatencremesuppen, das Buttergemüse und den Porree dazugeben und ca. 20 Minuten köcheln lassen. Dann den Schmelzkäse darin schmelzen lassen und zum Schluss den Schmand einrühren.

Lässt sich gut einen Tag vorher zubereiten

ca. 10 Personen

Bandnudeleintopf

Zutaten

500 g gemischtes Hackfleisch

3 EL Öl

2 Zwiebeln

Salz

Pfeffer

Paprikapulver

Oregano

1 l Rinderbrühe

2 grüne Paprika

250 g Tomaten

250 g Bandnudeln

2 EL Petersilie

4 Personen

Zubereitung

Das Hackfleisch in dem Öl anbraten, die geschälten Zwiebeln in kleine Würfel schneiden und zum Hack geben, mit Salz, Pfeffer, Paprikapulver und Oregano würzen. Mit der Brühe aufgießen. Die Paprikaschoten in Streifen, die Tomaten in Scheiben schneiden und zur Brühe geben. Die Bandnudeln hinzufügen. Den Nudeltopf ca. 15 Minuten kochen lassen, dabei regelmäßig umrühren. Falls der Nudeleintopf zu fest ist, eventuell noch Brühe nachgießen. Kräftig abschmecken und nach Belieben mit Petersilie bestreuen.

Hühnersuppe

Zutaten

1 Suppenhuhn (1,5 kg, küchenfertig)

3 l kaltes Wasser

2 TL Salz

2 Bd. Suppengrün

5 Möhren

1 kl. Stück Ingwer

1 gr. Zwiebel

1 Prise Majoran

2 Lorbeerblätter

1 Prise Chilipulver

150 g kleine Muschelnudeln

2 EL Petersilie

Zubereitung

Das Huhn abspülen und in einen großen Topf mit dem kalten Wasser legen, das Salz hinzufügen. Das Ganze zum Kochen bringen, dann 2 Stunden bei kleiner Hitze ziehen lassen. Suppengrün, Möhren, Ingwer und Zwiebel putzen, schälen und kleinschneiden. Das Gemüse zusammen mit Majoran, Lorbeerblättern und Chilipulver 20 Minuten vor Ende der Garzeit zur Suppe geben. Wenn das Huhn gar ist, aus der Suppe nehmen und das Fleisch von den Knochen lösen und klein schneiden. Die Nudeln 10 Minuten mit kochen lassen. Zum Schluss das Fleisch wieder in die Suppe geben und nach Belieben mit Petersilie bestreuen.

Braucht etwas Zeit

6 Personen

BUNTER EINTOPF

ZUTATEN

250 g Rindfleisch (Hohe Rippe)

1 l Wasser

500 g Kartoffeln

1 Blumenkohl

1 rote Paprika

1 grüne Paprika

1 Bd. Petersilie

1 Bd. Schnittlauch

150 g junger Holland-Gouda

Salz

Pfeffer

Paprikapulver

ZUBEREITUNG

Das Fleisch in kaltem Wasser ansetzen und ca. 1 Stunde kochen lassen. Kartoffeln schälen, in Würfel schneiden, in die Rinderbrühe geben und 10 Minuten mitkochen. Blumenkohl putzen, in Röschen zerteilen und in kaltes Salzwasser legen. Paprika vierteln, von den Kernen säubern und in Streifen schneiden, zusammen mit dem Blumenkohl den bereits 10 Minuten kochenden Kartoffeln beigeben. Den Eintopf noch ca. 15 Minuten köcheln lassen. Zum Schluss die zerkleinerten Kräuter (Petersilie und Schnittlauch) und den in Würfel geschnittenen Käse unterheben und mit den Gewürzen abschmecken.

Braucht etwas Zeit

4 Personen

Pichelsteiner

Zutaten

500 g Nackenbraten
1 EL Butter
375 g Kartoffeln
375 g Möhren
125 g Porree
125 g Sellerie
1 Petersilienwurzel
¼ l Brühe
2 EL Petersilie

Zubereitung

Fleisch in Stücke schneiden und in der Butter anbraten. Kartoffeln schälen und würfeln. Möhren, Porree, Sellerie und Petersilienwurzel waschen und klein schneiden. Das kleingeschnittene Gemüse mit den gewürfelten Kartoffeln zum Fleisch dazugeben. ¼ Liter Brühe angießen und das Gericht in ca. 30 – 40 Minuten gar kochen. Nach Belieben mit Petersilie bestreuen.

4 Personen

Feuriges Chili

Zutaten

600 g vorgekochte Kidneybohnen

1 EL Öl

500 g Rinderhackfleisch

300 ml Wasser

50 g Tomatenmark

½ TL Pfeffer

½ TL Chilipulver

½ TL Paprikapulver

etwas Petersilie

1 rote Paprika

1 rote Zwiebel

Zubereitung

Vorgekochte Kidneybohnen abtropfen lassen. Öl in einem großen Topf erhitzen und das Rindergehackte rundherum anbraten. 300 ml Wasser, Tomatenmark und die Gewürze dazugeben, bis der gewünschte Schärfegrad erreicht ist. Kurz aufkochen lassen. Paprika und Zwiebel in kleine Stücke schneiden und ebenfalls hinzugeben. Anschließend mit den Bohnen unter ständigem Rühren 2 Minuten aufkochen lassen.

Chili mit einem Klecks saure Sahne anrichten.

6 Personen

Bunter Fischtopf

Zutaten

500 g Seelachsfilet

Saft einer Zitrone

250 g Kartoffeln

250 g Möhren

250 g Zwiebeln

250 g Paprika

1 EL ÖL oder Butter

½ l Gemüsebrühe

Salz

Pfeffer

1 Becher Joghurt oder Schmand

2 EL gehackte Kräuter, z. B. Dill, Petersilie, Schnittlauch, Estragon

1 EL Zitronensaft

Zubereitung

Fischfilet waschen, trocken tupfen und in grobe Würfel schneiden. Mit Zitronensaft beträufeln und ziehen lassen. Inzwischen das Gemüse putzen, waschen und würfeln. In heißem Fett andünsten, Brühe dazugießen, schwach würzen und 10–15 Minuten dünsten. Dann das Fischfilet dazugeben und alles weitere 15–20 Minuten dünsten. Joghurt, Kräuter und restlichen Zitronensaft verrühren und vorsichtig unter den Eintopf heben.
Ich mache den Fischtopf gern sehr dünnflüssig als Suppeneintopf. Wer den Fischtopf lieber dickflüssig mag, nimmt ganz nach Geschmack einfach mehr Gemüse und Fisch.

Der Bunte Fischtopf lässt sich gut einfrieren!

2–4 Personen

Chinasuppe

Zutaten

2 EL Öl

500 g gemischtes Hackfleisch

1 gr. Zwiebel

2 grüne Paprika

2 rote Paprika

2 Stangen Porree

400 – 500 g China-
Pfannengemüse (TK)

300 ml Zigeunersoße

300 ml Ochsenschwanzsuppe

Salz

Pfeffer

Zubereitung

Das Öl in der Pfanne erhitzen, darin das Gehackte anbraten. Die Zwiebel würfeln, die Paprika waschen und in feine Streifen schneiden, die geputzten Porreestangen in Ringe schneiden. Die Zwiebel, das TK-Pfannengemüse, die Paprika und den Porree zum Gehackten geben und andünsten. 15 Minuten köcheln lassen. Zum Schluss die Zigeunersoße und die Ochsenschwanzsuppe hinzugeben und noch einmal aufkochen lassen. Mit Salz und Pfeffer abschmecken.

6 – 8 Personen

Schnippelbohnen-Eintopf

Zutaten

500 g Schnippelbohnen

1 TL Butterschmalz

100 g geräucherte Schinkenwürfel

1 Zwiebel

750 ml Wasser

750 g Kartoffeln

2 – 4 Mettwürste

Zucker

Pfeffer

Petersilie

Zubereitung

Die Schnippelbohnen abspülen und über Nacht zum Entsalzen in klares Wasser legen. Die Bohnen in einem Sieb gut abtropfen lassen. Die Zwiebel schälen und klein schneiden. Das Butterschmalz erhitzen, die Schinkenwürfel und die klein geschnittene Zwiebel zugeben und leicht anbraten. Das Wasser und die vorbereiteten Schnippelbohnen dazugeben und bei mittlerer Hitze 15 Minuten köcheln lassen. Die Kartoffeln schälen, klein schneiden und mit den Mettwürsten zum Gemüse hinzufügen und ca. 30 Minuten garen. Die gegarten Mettwürste herausnehmen und warm stellen. Den Bohneneintopf zerstampfen, mit Zucker und Pfeffer abschmecken und mit den Mettwürsten anrichten. Nach Belieben mit Petersilie garnieren.

Schnippelbohnen gibt es als Konservendosen zu kaufen. Die Bohnen sind in Salzwasser konserviert, ähnlich wie Sauerkraut

2 – 4 Personen

Kaminsuppe

Zutaten

1 kg Hackfleisch

500 g Zwiebeln

2 Stangen Porree

500 ml Tomatenketchup

500 ml Zigeunersoße

1 Glas Silberzwiebeln

1 l Wasser

2 Päckchen Jägersoße (Tüte)

Paprikapulver

Zubereitung

Hackfleisch anbraten, klein geschnittene Zwiebeln und Porree dazugeben und mit andünsten. Ketchup, Zigeunersoße, Silberzwiebeln und 1 Liter Wasser hinzugeben und zum Kochen bringen. In die kochende Suppe die Jägersoße einrühren. 10–15 Minuten köcheln lassen. Nach Belieben mit Paprikapulver überstreuen.

6–8 Personen

Porree-Wurzel-Eintopf

Zutaten

250 g Hackfleisch

3 Stangen Porree

250 g Möhren

2 Zwiebeln

½ l Gemüsebrühe

frische oder TK-Kräuter, z. B. Petersilie, Schnittlauch, Rosmarin, Thymian, Estragon

200 g Reis

Salz

Pfeffer

Sojasoße

Zubereitung

Hackfleisch krümelig anbraten. Porree in Ringe schneiden, Möhren und Zwiebeln würfeln und alles zusammen ca. 20 Minuten schmoren lassen. Danach mit Gemüsebrühe auffüllen und mit den Kräutern würzen. Weitere 10 Minuten köcheln lassen.
Den Reis nach Packungsanleitung kochen und unter den Eintopf mischen. Mit Salz und Pfeffer würzen. Evtl. mit etwas Sojasoße verfeinern.

Lässt sich gut einfrieren!

2 Personen

Wirsingkohl mit Hackfleisch

Zutaten

1 Brötchen vom Vortag

1 Zwiebel

400 g Hackfleisch

1 Ei

Salz

Pfeffer

Paprikapulver

1 kg Wirsing

750 g Kartoffeln

Wasser

Butter

Zubereitung

Das Brötchen in Wasser einweichen und ausdrücken. Zwiebel schälen und in feine Würfel schneiden. Beides zum Hackfleisch geben und mit Ei und Gewürzen zu einem glatten Teig verarbeiten. Gleichmäßig große Klößchen formen. Wirsing putzen, waschen und klein schneiden. Kartoffeln schalen, waschen und in Würfel schneiden. Wirsing und Kartoffeln in einen Kochtopf geben, salzen. 1 ¼ Liter Wasser angießen, Butter in Flocken darauf verteilen, Fleischklöße darauflegen und in 30 Minuten und 10 Minuten Nachwärme fertiggaren. Mit Salz und Pfeffer abschmecken.

6 Personen

Ostfriesische Kartoffelsuppe

Zutaten

500 g mehligkochende Kartoffeln

1 Bd. Suppengrün

1 l Wasser

1 TL Salz

2 Zwiebeln

1 EL Öl

200 g Schinkenspeck

Salz

Pfeffer

2 EL gehackte Petersilie

200 g Krabben

Zubereitung

Die Kartoffeln und das Suppengün putzen, waschen und schälen. Die Kartoffeln vierteln und das Suppengün klein schneiden oder würfeln. Zusammen in einem großen Topf mit Salzwasser 20–30 Minuten garen. Die Zwiebeln würfeln und in Öl glasig dünsten. Den gewürfelten Schinkenspeck anrösten und ausbraten. Etwas Wasser zugeben und 10 Minuten zugedeckt köcheln lassen. Von den Kartoffeln und dem Suppengemüse etwas Wasser abnehmen und zur Seite stellen, damit es beim Pürieren weniger spritzt. Dann pürieren. Anschließend das Gemüsewasser wieder dazugeben. Falls die Suppe zu dick ist, noch etwas Wasser nachfüllen, sodass sie sämig ist.
Die Zwiebeln und den Schinkenspeck in die pürierte Suppe geben. Die Suppe abschmecken, evtl. noch etwas Salz, Pfeffer und Gemüsebrühe hinzugeben.
Zum Servieren die Petersilie und die Krabben in die Suppe geben.

4 Personen

Frisch gepulte Krabben schmecken besser als TK-Ware! Wird die Suppe ohne Krabben serviert, nimmt man statt 200 g besser 300 g Schinkenspeck.

Freispruch im Voodoo-Prozess
MEINUNG

Paprikaschoten-Eintopf

Zutaten

50 g Bratfett
300 g Hackfleisch
3 Zwiebeln
500 g bunte Paprika
700 g Kartoffeln
½ l Brühe
Salz
Pfeffer

Zubereitung

Das Fett erhitzen und das Hackfleisch darin anbraten. Die Zwiebeln und die Paprika waschen, schälen und in kleine Würfel schneiden. Zum Hackfleisch hinzugeben und mit andünsten. Die Kartoffeln schälen, würfeln und dazugeben. Mit der Brühe, Salz und Pfeffer zum Kochen bringen und 20–30 Minuten köcheln lassen.

Für 4 Personen

Karotten-Hacktopf

Zutaten

1 kg Karotten
1 EL Butter
½ TL Zucker
1 l Gemüsebrühe
2 Stangen Porree
Salz
Pfeffer
1 EL Thymian
1 EL Worcester-Sauce
500 g Hackfleisch
1 Bd. Petersilie

Zubereitung

Die Karotten waschen, schälen und in Stifte schneiden, in der Butter unter Rühren andünsten, mit Zucker bestreuen und durchschwitzen lassen. Mit der Brühe aufgießen und ca. 15 Minuten köcheln lassen. Inzwischen den Porree putzen, waschen und in Scheiben schneiden und zu den Karotten in die Brühe geben. Mit Salz, Pfeffer, Thymian und Worcester-Sauce würzen und fertig garen. Das Gehackte krümelig braten und unter die Karotten mischen. Die Petersilie fein hacken und über das Gericht streuen.

Dazu reicht man Salzkartoffeln.

4 Personen

Mitternachtssuppe mit weissen Bohnen

Zutaten

200 g Mett

200 g Rinder-hackfleisch

1 EL Öl

1 – 2 Zwiebeln

400 ml Tomaten-rahmsuppe

700 g gebackene weiße Bohnen

½ TL Salz

½ TL Pfeffer

etwas Tomatenmark

Curry-Ketchup

Oregano

Zubereitung

Mett und Rinderhackfleisch in einem Topf mit etwas Öl anbraten, die Zwiebeln schneiden und dazugeben. Alles kurz schmoren lassen.
Die Tomatenrahmsuppe, die Bohnen sowie Salz und Pfeffer hinzufügen.
Alles ca. 20 Minuten köcheln lassen.
Zum Schluss mit Tomatenmark binden und mit Curry-Ketchup und Oregano abschmecken.

4 Personen

Möhreneintopf mit Rindfleisch

Zutaten

400–500 g Querrippe (Rind)

2 EL Öl

200 ml Gemüsebrühe

1 kg Möhren

500 g Kartoffeln

Salz

Pfeffer

1 Bd. Petersilie

Zubereitung

Das Fleisch in Stücke schneiden, Öl in einem Topf erhitzen und darin das Fleisch andünsten, mit Gemüsebrühe ablöschen und 45 Minuten garen. Die in Stücke geschnittenen Möhren dazugeben. Die geschälten und in Würfel geschnittenen Kartoffeln auf den Möhren verteilen. Das Ganze ca. 30 Minuten auf mittlerer Hitze weitergaren. Mit Salz und Pfeffer würzen und die gehackte Petersilie dazugeben.

4 Personen

LE CREUSET

Labskaus

Zutaten

1,5 kg Kartoffeln

4 gr. Zwiebeln

50 g Öl

500 g Corned Beef

1 Glas Gewürzgurken

¼ l Gurkenwasser

Salz

Pfeffer

Zucker

Senf

Für die Beilage:

4–6 Spiegeleier
(eins pro Person)

Rote Bete

Zubereitung

Kartoffeln schälen und gar kochen. Zwiebeln schälen und in feine Würfel schneiden. Das Öl erhitzen, Zwiebeln dünsten, Corned Beef dazugeben. Mit Gurkenwürfeln und dem Gurkenwasser auffüllen. Die gar gekochten Kartoffeln stampfen und mit der Zwiebel- Corned-Beef-Pfanne vermengen. Mit Salz, Zucker, Pfeffer und Senf abschmecken. Nach Belieben mit einem Spiegelei und Roter Bete servieren.

Lässt sich gut einfrieren! Viele Leute assoziieren Labskaus mit Fisch. Die ursprüngliche Variante enthält aber Pökelfleisch

4–6 Personen

Mexikanische Bohnensuppe

Zutaten

250 g Rinderhackfleisch

1 Gemüsezwiebel

2 EL Öl

2 Cabanossi oder Räucherenden

300 g vorgekochte Kidneybohnen

150 g gekochter Mais

3 rote Paprika

1 l Gemüsebrühe

Ketchup

Salz

Pfeffer

Petersilie

Zubereitung

Das Rinderhackfleisch und die gewürfelte Zwiebel anbraten, mit der Hälfte der Brühe ablöschen, die in Scheiben geschnittene Wurst hinzugeben und 20 Minuten auf kleiner Stufe köcheln lassen.
Die Kidneybohnen und den Mais, die gewaschenen, entkernten und gewürfelten Paprika hinzugeben, mit der restlichen Brühe auffüllen und weitere 5–10 Minuten kochen lassen.
In die Suppe evtl. noch Brühe geben und mit Ketchup, Salz und Pfeffer abschmecken.
Nach Belieben mit gehackter Petersilie garnieren und servieren!

4 Personen

Holländischer Eintopf

Zutaten

1 EL Butter

4 Räucherenden

1 kl. Gemüsezwiebel

½ l Brühe

10 – 15 festkochende Kartoffeln

1 kg Möhren

400 g Porree

Salz

Zubereitung

Butter im Topf zerlassen. Die Räucherenden in Scheiben schneiden und mit der klein geschnittenen Zwiebel anschmoren. Mit der Brühe ablöschen. Kartoffeln und Möhren schälen und in Scheiben schneiden. Porree waschen, in Ringe schneiden und zusammen mit den Kartoffeln und Möhren garen. Zum Schluss mit Salz abschmecken und umrühren.

4 Personen

Görtsopp

Graupensuppe

Zutaten

1 gr. Beinscheibe (Rind)
2 l Wasser
2 gr. Möhren
2 Stangen Porree
600 g Kartoffeln
200 g Perlgraupen
Salz
Pfeffer
Zucker
1 Bd. Petersilie

Zubereitung

Die Beinscheibe im Wasser garen, herausnehmen und das Fleisch klein schneiden. Möhren, Porree und Kartoffeln putzen und in Würfel schneiden und mit den Perlgraupen in die Rinderbrühe geben. Bei mittlerer Hitze ca. 30 Minuten köcheln lassen. Danach das klein geschnittene Fleisch wieder dazugeben, mit den Gewürzen abschmecken und mit der Petersilie garniert servieren.

Braucht etwas Zeit

2 – 4 Personen

Porree-Nudel-Eintopf

Zutaten

1 Zwiebel
750 g Porree
2 EL Speiseöl
500 g Hackfleisch
750 ml Gemüsebrühe
250 g Nudeln
Salz
Pfeffer

Zubereitung

Die Zwiebel schälen und in kleine Würfel schneiden, Porree waschenund in Ringe schneiden. Das Öl in einer Pfanne erhitzen. Die Zwiebel darin glasig dünsten, das Hackfleisch hinzugeben und anbraten. Porree hinzufügen und andünsten. Dann alles mit der Gemüsebrühe ablöschen und 10 Minuten köcheln lassen. Die Nudeln hinzugeben und je nach Nudelsorte ca. 10–15 Minuten weiter köcheln lassen.
Mit Salz und Pfeffer abschmecken.

4–6 Personen

Wirsing-Steckrüben-Eintopf mit Kasseler

Zutaten

800 g Steckrüben

1 kg Kartoffeln

2 Zwiebeln

600 g Möhren

½ Kopf Wirsing

3 EL Öl

1 ¾ l Gemüsebrühe

750 g ausgelöster Kasselernacken

2 EL Senf

Salz

Pfeffer

Petersilie

Zubereitung

Steckrüben, Kartoffeln und Zwiebeln in Würfel, die Möhren in Scheiben und den Kohl in Stücke schneiden. Öl im Topf erhitzen, die Zwiebeln darin andünsten, dann die geschnittenen Zutaten dazugeben und kurz mitdünsten.
Brühe dazugießen, aufkochen und zugedeckt ca. 45 Minuten köcheln lassen.
Nach 25 Minuten den geschnittenen Kohl hinzufügen. In einem Topf das gewürfelte Kasseler mit 1 EL Öl anbraten. Das Bratgut herausnehmen und den Bratensaft mit 5 – 6 EL Eintopfbrühe ablöschen. Das Ganze dann mit dem Eintopf vermengen, Senf dazugeben und garen.
Mit Salz und Pfeffer abschmecken und nach Belieben mit Petersilie garnieren.

6 – 8 Personen

Rosenkohl-Eintopf

Zutaten

750 g Rosenkohl

500 g Kartoffeln

½ l Gemüsebrühe

400 g pürierte Tomaten

Salz

Pfeffer

Paprikapulver

400 g Schweinemett

1 Ei

1 Zwiebel

2 EL gehackte Petersilie

3 EL Paniermehl

1 EL gehackte, gemischte Kräuter, z. B. Petersilie, Liebstöckel, Schnittlauch

Zubereitung

Rosenkohl putzen und mit geschälten und gewürfelten Kartoffeln in der Brühe ca. 15–20 Minuten garen. Dann die pürierten Tomaten mit Salz, Pfeffer und Paprikapulver dazugeben. Schweinemett mit einem Ei, fein gehackter Zwiebel, gehackter Petersilie, Salz, Pfeffer und Paniermehl vermischen und abschmecken. Aus der Masse kleine, walnussgroße Bällchen formen, diese in den Eintopf geben und alles 10 Minuten ziehen lassen. Eintopf abschmecken und mit den Kräutern bestreut servieren.

4 Personen

Erbsensuppe

Zutaten

250 g ungeschälte grüne Erbsen

1 l Wasser

1 gr. Beinscheibe (Rind)

Salz

Pfeffer

½ l Gemüsebrühe

500 g Kartoffeln

1 gr. Zwiebel

1 Möhre

1 Stange Porree

100 g Staudensellerie

Lorbeerblatt

Majoran

Zubereitung

Um die Garzeit zu verringern, am Vorabend die Erbsen verlesen, waschen und in 1 Liter kaltem Wasser quellen lassen. Am nächsten Tag die Beinscheibe mit etwas Wasser und Salz im Schnellkochtopf 20 Minuten kochen. Nach dem Abdampfen das gegarte Fleisch herausnehmen und beiseite stellen. Die Erbsen mit dem Einweichwasser in die Fleischbrühe geben, die geschälten und gewürfelten Kartoffeln sowie das klein geschnittene Gemüse, die Gemüsebrühe, Lorbeerblatt, Majoran dazugeben und 15 Minuten bei geschlossenenm Deckel im Schnellkochtopf kochen. Vor dem Servieren das Fleisch klein schneiden und in die Suppe geben. Wiener Würstchen schmecken auch sehr gut dazu.

Die Erbsensuppe braucht etwas Zeit, lässt sich jedoch gut einen Tag vorher zubereiten.

4 Personen

Steckrüben-Eintopf

Zutaten

1 kg Steckrüben

750 g Kartoffeln

300 ml Brühe

1 Stk. Rippe (Schwein oder Rind)

4 Stk. geräucherte Mettenden

5 EL Milch

1 EL Butter

Salz

Pfeffer

Muskat

Zubereitung

Die Steckrüben und die Kartoffeln schälen. Beides würfeln und in einen großen Topf geben. Die Brühe dazugeben und die Rippe und die Mettenden oben auf das Gemüse legen. 60 Minuten bei mittlerer Hitze köcheln lassen. Das Fleisch nach dem Garen entnehmen und warm stellen. Falls noch sehr viel Brühe vorhanden ist, abgießen. Die Kartoffeln und Rüben mit 5 EL Milch und der Butter stampfen. Mit Salz, Pfeffer und Muskat abschmecken. Den Eintopf mit dem Fleisch servieren.

4 Personen

Gemüse pur

Kürbissuppe

Zutaten

3–5 Kartoffeln

1 Zwiebel

2 Möhren

1 kl. Hokkaido-Kürbis

1 l Gemüsebrühe

125 ml Schlagsahne oder Kochsahne

Kürbiskerne

Zubereitung

Die Kartoffeln und die Zwiebel schälen und in kleine Stücke schneiden. Die Möhren und den Kürbis waschen und samt Schale klein schneiden. Gemüsebrühe aufkochen und Kürbis, Kartoffeln, Zwiebeln und Möhren dazugeben. Ca. 20–25 Minuten weich kochen, alles mit dem Pürierstab pürieren und die Sahne hinzufügen. Zum Verfeinern der Suppe die Kürbiskerne in einer Pfanne rösten und vor dem Servieren nach Belieben auf die Suppe geben.

Vegetarisch

4 Personen

Spinatsuppe

Zutaten

1 Zwiebel

etwas Butter oder Öl zum Andünsten

450 g Rahmspinat

¾ l Gemüsebrühe

200 g Sahneschmelzkäse

200 ml Sahne

Zubereitung

Die Zwiebel schälen, fein würfeln und im heißen Fett andünsten. Den Rahmspinat dazugeben, mit der Gemüsebrühe ablöschen und auf kleiner Stufe köcheln lassen. Den Schmelzkäse darin schmelzen und die Sahne einrühren.

Vegetarisch

4 Personen

Käsesuppe

Zutaten

250 g Möhren

250 g Porree

½ l Gemüsebrühe

30 g Butter

30 g Mehl

½ l Milch

250 g Sahne-
schmelzkäse

Zubereitung

Möhren raspeln, Porree waschen und in feine Streifen schneiden. Möhren und Porree in der Brühe ca. 10 Minuten garen. Die Butter schmelzen und das Mehl darin anschwitzen. Nach und nach die Milch dazugeben und glatt rühren. Den Schmelzkäse dazugeben und schmelzen lassen. Das Gemüse mit Brühe hinzufügen und abschmecken.

Vegetarisch

4 Personen

Einfache Kartoffelsuppe

Zutaten

500 g Kartoffeln

1 gr. Zwiebel

etwas Butter

1 l Gemüsebrühe

200 g süße Sahne

200 g Sahne-schmelzkäse

Salz

Pfeffer

Muskatnuss

etwas Speisestärke oder Soßenbinder

geröstete Brotwürfel

Frische Kräuter, z. B. Schnittlauch, Bärlauch, Petersilie, Majoran

Zubereitung

Die Kartoffeln schälen und in kleine Scheiben oder Stücke schneiden. Alternativ die Kartoffeln auf einer Reibe reiben bzw. im Mixer zerkleinern. Ebenso die Zwiebel schälen und zerkleinern. Die Butter im Topf zerlassen und die Kartoffeln und die Zwiebel kurz anschwitzen. Die Brühe dazugeben und mindestens 40 Minuten auf kleiner Flamme köcheln lassen. Dann die Suppe mit dem Pürierstab zerkleinern, Schmelzkäse und die Sahne zugeben und alles mit Salz, Pfeffer und Muskat abschmecken. Eventuell mit etwas Speisestärke oder Soßenbinder andicken. Dazu schmecken geröstete Brotwürfel und frische Kräuter.

Vegetarisch

4 Personen

Buchweizen-Tomaten-Eintopf

Zutaten

200 g Buchweizen (ganze Körner)

1 l Gemüsebrühe

250 g Zwiebeln

2–3 Knoblauchzehen

2 EL Öl

500 g grüne Brechbohnen

2–3 EL Tomatenmark

¼ l Wasser

500 g Tomaten

1 EL frisch gehackter Salbei oder 1 TL getrockneter Salbei

Pfeffer und Salz

4 EL Schmand oder saure Sahne

1 EL gehackte Petersilie

4 Personen

Zubereitung

Zuerst den Buchweizen mit der Gemüsebrühe aufkochen und auf kleiner Stufe ca. 20–30 Minuten quellen lassen. Die Zwiebeln schneiden, den Knoblauch fein hacken und beides in einem weiteren Topf in heißem Öl anbraten. Die Bohnen, das Tomatenmark und das Wasser zugeben, alles 20–30 Minuten weitergaren. Die Tomaten mit kochendem Wasser überbrühen und häuten, klein schneiden, mit dem Salbei zugeben und weitere 5 Minuten garen. Den gequollenen Buchweizen zugeben und den Eintopf noch einmal aufkochen lassen. Zum Schluss mit Salz, Pfeffer und Schmand abschmecken. Mit der Petersilie anrichten.

Vegetarisch

Kartoffel-Möhren-Suppe

Zutaten

1 kg Kartoffeln
800 g Möhren
2 Zwiebeln
2 Knoblauchzehen
2 EL Butter
1 l Gemüsebrühe
500 ml Sahne
600 ml Milch
Salz
Pfeffer
Petersilie

Zubereitung

Kartoffeln und Möhren schälen und in gleich große Scheiben hobeln oder schneiden. Die Zwiebeln und Knoblauchzehen in Würfel schneiden, dann in der zerlassenen Butter anschwitzen und danach die Kartoffeln und Möhren dazugeben. Mit Gemüsebrühe, Sahne und Milch ablöschen. Das Ganze aufkochen und 20 Minuten bei geringer Temperatur köcheln lassen.
Zum Schluss mit dem Pürierstab pürieren und die Suppe mit Salz und Pfeffer abeschmecken und nach Belieben mit Petersilie garnieren.

Für Nicht-Vegetarier Schinkenspeck anbraten und in die Suppe geben.

Vegetarisch

4 Personen

Gemüsesuppe

Zutaten

1 EL Butter

1 Bd. Suppengrün

1 l Brühe

500 g geschälte Kartoffeln

Salz

Pfeffer

gekörnte Brühe

Zubereitung

Suppengrün putzen und klein schneiden. Butter in einem Topf zerlassen. Das Suppengrün hinzufügen und ohne Deckel leicht anbraten. Mit der Brühe ablöschen. Die in kleine Würfel geschnittenen Kartoffeln dazugeben und etwa 30 Minuten köcheln lassen. Mit Salz, Pfeffer und gekörnter Brühe abschmecken.

Vegetarisch

4 Personen

Oma Thesis Biersuppe

Zutaten

0,3 l helles Bier (kann auch alkoholfrei sein)

0,3 l Malzbier

2 EL Zucker

1 Päckchen Bourbon-Vanille-Puddingpulver

½ l Milch

2 Eigelb

2 Eiklar

2 EL Zucker

Zubereitung

Das Bier und den Zucker zum Kochen bringen. Das Puddingpulver mit ca. 100 ml Milch verrühren. Eigelb unterrühren. Restliche Milch zum Kochen bringen und mit der Hälfte (ca. 50 ml) der Puddingmasse andicken. Die restliche Puddingmasse (ca. 50 ml) zum Bier geben. Anschließend die angedickte Milch zum Bier geben. Eiklar mit dem Zucker steif schlagen. Mit einem Esslöffel Nocken abstechen und in die Biersuppe geben.

Für den süßen Zahn

4 Personen

Kürbissuppe mit Kokosmilch und Orangensaft

Zutaten

750 g Hokkaido-Kürbis
300 g Kartoffeln
250 g Möhren
1 gr. Zwiebel
2 EL Olivenöl
1 Fingerbreit Ingwer
½ l Gemüsebrühe
500 ml Kokosmilch
50 ml Orangensaft
Salz
Pfeffer
1 EL Olivenöl
1 Handvoll Kürbiskerne

Zubereitung

Das geschälte und zerkleinerte Gemüse im heißen Öl andünsten. Den Ingwer schälen, raspeln und mitdünsten. Alles mit der Gemüsebrühe ablöschen und 20 Minuten köcheln lassen. Wenn das Gemüse gar ist, alles pürieren, die Kokosmilch und den Orangensaft dazugeben und mit Salz und Pfeffer abschmecken. Nach Belieben Kürbiskerne in Olivenöl anrösten und zum Schluss auf die fertige Suppe geben.

Vegetarisch

4 Personen

DAS BRINGT DER TAG
ZUR PERSON

Sahne satt

Steckrübeneintopf mit Specksosse

Zutaten

Für den Eintopf:

1 kg Steckrüben

750 g Kartoffeln

1 Stange Porree

½ l Brühe

5 EL Sahne

Salz

Pfeffer

Muskat

Für die Specksoße:

100 g durchwachsenen Speck

2 Zwiebeln

1 Becher Crème fraîche

1 ½ EL Senf

200 ml Buttermilch

Salz

Pfeffer

4 – 6 Personen

Zubereitung

Für den Eintopf:
Steckrüben, Kartoffeln und Porree würfeln und in der Brühe ca. 30 Minuten kochen. Danach die Sahne hinzufügen und alles zerstampfen. Mit Salz, Pfeffer und Muskat abschmecken.

Für die Specksoße:
Speck und Zwiebeln in Würfel schneiden und andünsten. Crème fraîche, Senf und Buttermilch dazugeben und unter Rühren aufkochen, mit Salz und Pfeffer abschmecken und über den Eintopf geben.

Pizza-Suppe

Zutaten

500 g gemischtes Hackfleisch, gewürzt

2 Zwiebeln

150 g gekochter Mais

400 g Ananasstücke in Saft

200 g Sahne-schmelzkäse

1 l Tomato al Gusto

250 ml Schlagsahne

¾ l Gemüsebrühe

2 EL Zucker

Salz

Pfeffer

Zubereitung

Hackfleisch und Zwiebeln in einem großen Topf anbraten, dann alle weiteren Zutaten dazugeben. Kurz aufkochen und anschließend ca. 10 Minuten köcheln lassen. Mit Salz und Pfeffer abschmecken.

6 Personen

Laucheintopf mit Bratwurst

Zutaten

10 mittelgroße Kartoffeln

¼ l Brühe

6–8 Stangen Porree

½ Tasse Sahne

Salz

Pfeffer

4 Bratwürste

Zubereitung

Die geschälten Kartoffeln in der Brühe zum Kochen bringen. Die Lauchstangen putzen und in Stücke schneiden, zu den Kartoffeln geben und mitkochen.
Nach etwa 20–25 Minuten, wenn alles gar ist, die Sahne einrühren und alles zerstampfen.
Mit Salz und Pfeffer abschmecken.
Dazu reicht man Bratwürste.

4 Personen

Schnelle Kasseler Ofensuppe

Zutaten

2 kg ausgelöster Kasselernacken

3 bunte Paprika

1 gr. Zwiebel

500 g Champignons

500 ml Sahne

300 ml Ketchup

evtl. Chili

Zubereitung

Kasseler, Paprika, Zwiebel und Champignons in Würfel schneiden und in einen Bräter oder eine Auflaufform geben. Sahne und Ketchup vermengen und untermischen. Im Ofen bei 180 °C ca. 30 Minuten garen lassen.
Dazu reicht man Baguette oder Brötchen.

6 Personen

Backofensuppe

Zutaten

1 kg Gulasch oder Gyrosfleisch

500 g Zwiebeln

850 g Pilze

350 g Erbsen

150 g Ananas

etwas Ananassaft

150 g gekochter Mais

350 g Paprika

250 g Curry-Ketchup

250 g Chilisoße

500 – 750 ml Sahne

Gemüsebrühe

Zubereitung

Die Zwiebel würfeln, die Pilze in Scheiben, die Ananas in Stücke und die Pparika in Streifen schneiden. Die Zutaten der Reihe nach in einen ofenfesten Topf (Bräter) geben, über Nacht ziehen lassen und dabei nicht umrühren. Am nächsten Tag das Ganze 2 Stunden bei 200 °C Umluft garen. Nach dem Garen umrühren und mit etwas Brühe abschmecken.

Lässt sich gut am Vortag zubereiten.

8 Personen

Bechamelkartoffeln

Zutaten

1 kg Kartoffeln

125 g Schinken oder Schinkenspeck

2 EL Butter

2 Zwiebeln

25 g Mehl

250 ml Brühe

125 ml Vollmilch

125 ml Sahne

Salz

weißer Pfeffer

Muskatnuss

2 EL gehackte Petersilie

Zubereitung

Die Pellkartoffeln ohne Salz ca. 30 Minuten gar kochen, abgießen und pellen. In der Zwischenzeit den Schinken oder Schinkenspeck fein würfeln, Butter in der Pfanne zerlassen, die Speckwürfel darin ausbraten. Die Zwiebeln schälen, fein würfeln, zu dem Speck geben und andünsten. Das Ganze mit dem Mehl bestäuben, kurz erhitzen, mit der Brühe, Milch und Sahne ablöschen und unter Rühren zum Kochen bringen, 5 Minuten köcheln lassen.
Die Bechamelsoße mit Salz, Pfeffer und Muskat würzig abschmecken. Die noch heißen Kartoffeln würfeln und in die Soße geben und unter vorsichtigem Umrühren nochmal erhitzen. Nach Belieben mit Petersilie garnieren.

Schmeckt gut zu grober Bratwurst oder auch zu Schnitzel.

4 Personen

Porree-Käse-Suppe

Zutaten

500 g Hackfleisch
Fett zum Anbraten
5 Stangen Porree
200 g Sahneschmelzkäse
200 g Kräuterschmelzkäse
Salz
Pfeffer
Gemüsebrühe

Zubereitung

Hackfleisch in etwas Fett anbraten. Porree waschen und in kleine Ringe schneiden. Den Porree auf das gut angebratene Hackfleisch geben. Mit Wasser auffüllen, bis der Porree gut bedeckt ist. Alles ca. 15 Minuten köcheln lassen. Danach den Käse hinzufügen und in der Suppe schmelzen lassen. Salz, Pfeffer und Gemüsebrühe nach Geschmack dazugeben.

2 – 4 Personen

SÜSS & FRUCHTIG

Krüüsbeerensopp

Kalte Stachelbeersuppe

Zutaten

Für den Pudding:

½ l Milch

1 Pck. Vanillezucker

40 g Zucker

1 Pr. Salz

½ Pck. Vanillepudding-pulver

Für das Kompott:

400 g Stachelbeeren

1/8 l Weißwein

¼ l Wasser

1 EL Speisestärke

2 EL Wasser

2 Pck. Vanillezucker

50 g Zucker

Zubereitung

Für den Pudding:
Milch mit Zucker, Vanillezucker und Salz aufkochen. Vanillepuddingpulver mit einer kleinen Menge Milch (zurückgestellt) anrühren und in die kochende Flüssigkeit geben, kurz aufkochen lassen und danach abkühlen. Um zu verhindern, dass sich Haut auf dem Pudding bildet, einfach Frischhaltefolie direkt auf den heißen Pudding legen und nach dem Auskühlen abziehen.

Für das Kompott:
Stachelbeeren mit dem Weißwein und Wasser aufkochen und so lange köcheln lassen, bis die Beeren weich sind. Währenddessen Vanillezucker einrühren. Speisestärke in 2 EL Wasser anrühren und in die kochenden Stachelbeeren geben. Unter Rühren kurz aufkochen lassen und anschließend abkühlen. Den abgekühlten Vanillepudding mit dem abgekühlten Stachelbeer-Kompott gut verschlagen. Gekühlt servieren.

2 – 4 Personen

Fliedersopp

Holunderblütensuppe

Zutaten

6 Holunderblüten-Dolden

½ l Wasser

1 l Milch (oder Buttermilch)

40 g Sago

2 Eier, getrennt

40 g Zucker oder Sirup

etwas Salz

Zimt

Zubereitung

Holunderblüten gründlich waschen und im Wasser 10 Minuten schwach köcheln lassen, anschließend durchsieben. Den Sud mit Milch oder Buttermilch auffüllen und zum Kochen bringen. Sago, Eigelb, Zucker und wenig Salz dazugeben und bei mäßiger Hitze das Sago 15 Minuten darin quellen lassen. Eiweiß steif schlagen. Den Eischnee auf die Suppe setzen, mit Zimt bestreuen und 5 Minuten bei geschlossenem Topf ziehen lassen.

4 Personen

Fliederbeersuppe mit Klössen

Zutaten

1,5 l Holunderbeersaft
125 g Zucker
5 Nelken
3 Äpfel
2 EL Speisestärke
etwas Wasser

Für die Grießklöße:

¼ l Milch
100 g Gries
etwas Butter
1 Prise Salz
1 Ei

Zubereitung

Den Holunderbeersaft süßen und nach Geschmack mit Wasser verdünnen. Den Saft mit den Nelken aufkochen. Die Äpfel schälen, entkernen, würfeln und im Saft gar köcheln. Die Speisestärke in etwas Wasser verrühren und die Suppe damit andicken.

Für die Grießklöße:
Die Milch aufkochen und den Grieß unter Rühren dazugeben. Die Masse quellen und etwas abkühlen lassen. Butter, Salz und Ei unterheben. Aus dem dicken Grießbrei mit einem Esslöffel Klöße abstechen und in einen Topf mit kaltem Wasser geben. Die Klöße in dem Wasser kurz kochen lassen, bis sie aufschwemmen. Vor dem Servieren der Suppe die Grießklöße einlegen.

Für den süßen Zahn

4 Personen

Kürbis-Apfel-Suppe

Zutaten

500 g Hokkaido-Kürbis

2 Kartoffeln

400 g säuerliche Äpfel

1 Zwiebel

1 EL Öl

1 l Hühnerbrühe

2–3 TL Curry

1 TL Salz

¼ TL gemahlenen Koriander

2–3 EL Kürbiskerne

½ Becher Schmand

1 EL gehackte Petersilie

4 Personen

Zubereitung

Den Hokkaido-Kürbis mit der Schale, die geschälten Kartoffeln, die Äpfel und die Zwiebel würfeln.
Die Zwiebel in dem Öl glasig dünsten, Kürbis, Kartoffeln und Äpfel dazugeben. Danach die Brühe dazugießen und die Gewürze hinzufügen. Die Suppe ca. 20 Minuten kochen.
Die Kürbiskerne in einer Pfanne ohne Fett rösten. Danach die Suppe pürieren, mit dem Schmand abschmecken, evtl. nachwürzen und die gehackte Petersilie unterrühren. Die Suppe mit den Kürbiskernen anrichten.

Für Vegetarier kann man anstelle der Hühnerbrühe auch eine Gemüsebrühe verwenden.

Bananen-Curry-Suppe

Zutaten

1 Zwiebel
1 Knoblauchzehe
30 g Butter
4 reife Bananen
40 g Mehl
1 l Hühnerbrühe
1–2 EL Currypulver
Salz
Pfeffer
250 ml Sahne
1 EL Speisestärke

Zubereitung

Zwiebel- und Knoblauchzehe würfeln und in der Butter glasig dünsten. Bananen schälen, in kleine Scheiben schneiden, in der Butter erhitzen und mit Mehl bestäuben. Mit der Brühe ablöschen und köcheln lassen, anschließend mit dem Pürierstab pürieren. Mit Currypulver, Salz und Pfeffer abschmecken. Zum Schluss die Sahne hinzufügen und nach Belieben mit Speisestärke andicken.

Schnell auf dem Tisch

4 Personen

Himmlische Torten von unseren Uplengener Landfrauen
Erprobte Rezepte für garantiertes Gelingen
104 Seiten | 21,5 x 24 cm
ISBN 978-3-7843-5549-8

Mehr von unseren Landfrauen

Ob wahre Klassiker wie der Frankfurter Kranz und die Eierlikörtorte oder eine Rhabarber-Sahne-Torte als wahrer Hingucker – für jeden ist etwas dabei, wenn die Uplengener Landfrauen ihre Torten backen. Die erprobten Rezepte sind übersichtlich gegliedert und die Zutatenliste kommt ohne viel Schnickschnack daher. Die 45 unwiderstehlichen Torten und leckeren Kuchen sind einfach nachzubacken und werden Familie und Freunde begeistern.

Salzlos genießen mit Kräutern und Gewürzen
Rezepte mit aromatischen Alternativen zu Salz
192 Seiten | 20 x 25 cm
ISBN 978-3-7843-5631-0

Salzlos glücklich: Gesund kochen mit Kräutern und Gewürzen

Ob im Sternerestaurant oder zuhause in der Küche: Kochen ist Würzen und Abschmecken. Zu viel Salz schadet: Bluthochdruck, Nierenschäden und erhöhtes Herzinfarktrisiko können die Folge sein. Wer bewusster essen möchte, findet in diesem Kochbuch viele aromatische Alternativen zu Salz. Denn eine Zubereitung ohne zugesetztes Salz bedeutet nicht Essen ohne Genuss! Ein Kochbuch, bei dem Sie buchstäblich auf den Geschmack kommen werden.

Ein grosser Dank gilt unseren Köchinnen:

Annegret Arians
Rita Beekmann
Foline Brunken
Gisela de Buhr
Friedchen Eihusen
Frieda Fecht
Johanne Franzen
Marianne Frieling
Irma Grätsch
Christa Grüßing
Gesine Grüßing
Edith Hanken
Tomma Harms
Marianne v. Harten
Johanne Jelden
Hanna Korth
Gretchen Lümken
Karina Lümken
Elke Mittag
Renate Münk
Helga Roßkamp
Marianne Saathoff
Helga Tammen
Hildegard Tammen
Elfriede v. Ohlen
Margret Welsch
Gesine Wißmann

Außerdem danken wir den Firmen MÜNDER-EMAIL GmbH
und Le Creuset GmbH für die Bereitstellung diverser Schüsseln und Töpfe.

Impressum

LV.Buch im Landwirtschaftsverlag GmbH, 48084 Münster

2. Auflage 2020

Herausgeber: Thomas Richter

Gestaltung: Frank Hegemann, LV MediaPro

Fotografie: Astrid Hafer, Timo Lutz Werbefotografie, www.timo-lutz.de

Illustration: NataPepper/istockphoto.com

Lektorat: Saskia Thiele, www.saskiathiele.de

Druck: Westermann Druck Zwickau GmbH

ISBN 978-3-7843-5623-5